아베르노

A　v　e　r　n　o

아베르노

루이즈 글릭 지음
정은귀 옮김

시공사

노아에게

아베르노

Averno

아베르노, 아베르누스의 옛 이름.

이탈리아 나폴리에서 서쪽으로 십 마일 떨어진 작은 분화 호수,

고대 로마인들에게 지하 세계로 가는 입구로 알려진 곳.

차
례

야간 이주

THE NIGHT MIGRATIONS

지금은 당신이 마가목 붉은 열매들을
다시 바라보는 그 순간.
어두운 하늘에서는
새들이 야간 이주를 하고.

죽은 이들은 이것들 다시 보지 못할 거라고
생각만 해도 무척 슬퍼지는데―
우리가 의지하는 이런 것들,
그들은 다 사라진다.

그렇다면 영혼은 어디서 위안을 찾을까?
영혼은 이런 즐거움들 더 이상
필요하지 않을 것 같아, 나는 혼잣말을 한다;
존재하지 않는 것, 그것만으로도 그저 충분한 듯,
그것도 상상하기 어렵긴 하지만.

I.

시월

OCTOBER

1.
또 겨울인가, 또 추워지나,
프랭크가 얼음 위에서 미끄러지지 않았나,
다 아물지 않았나, 봄 씨앗들 아직 뿌리지 않았나,

그 밤은 끝나지 않았나,
얼음이 녹아 좁은 배수로가
넘치지는 않았나,

내 몸이 구출된 것
아니었나, 안전하지 않았나,

그 흉터가 생기지 않았나, 보이지 않게
상처 위로

공포와 추위,
그것들은 끝난 게 아니었나, 뒤꼍 정원에
고랑을 만들어 심지 않았던가—

나 기억해 붉고 빽빽한 대지가 어떻게 느껴졌는지,

씨앗은 일렬로 줄지어 심지 않았던가,
덩굴이 남쪽 벽을 타고 올라가지 않았던가

너의 목소리를 나 들을 수 없어
바람이 울고 있어서, 그 맨땅 위로 휘이 휙

나 더는 신경 쓰지 않아
바람이 무슨 소리를 만드는지

언제 내가 조용해졌는지, 그 소리를 묘사하는 게
언제 처음 무의미하게 느껴졌는지

그게 무슨 소리이건 그 자체를 바꿀 수 없으니—

그 밤은 끝나지 않았나, 그게 땅에
심겼을 때 대지는 안전하지 않았나

우리가 씨앗을 심지 않았던가,
우리가 대지에 필요하지 않았던가,

그 넝쿨들, 그것들은 거두어들였던가?

2.

여름 또 여름이 끝이 났다,
난폭함 이후의 아늑함:
지금 내게 잘해 주는 건
내게 아무런 도움이 안 돼;
폭력이 나를 바꾸어 놓았어.

동틀 녘. 낮은 산들 빛이 나
황토 빛으로 불타올라, 벌판들도 빛이 나네.
내가 무얼 보는지 나 알아; 팔월의
태양이 될 수 있었을 태양, 빼앗긴
모든 것을 되돌려 주는—

당신은 이 목소리를 듣는지? 이는 내 마음의 소리;
이제 당신은 내 몸을 만질 수 없어.
일단 바뀌었고, 굳어졌으니까,
다시 반응해 달라고 요구하지 마.

어느 여름 하루 같은 날.
너무 고요해. 단풍나무 긴 그림자들은

자갈길에서는 연보랏빛에 가깝고.
저녁엔 따뜻하네. 어느 여름 밤 같은 밤.

내게 아무런 도움이 안 돼; 폭력이 나를 바꾸어 놓았어.
내 몸은 차가워져서 벌거벗은 벌판 같아;
이제 나의 마음만 있어, 시험당하는 느낌으로,
조심스레 경계하며.

한 번 더, 해가 떠오르네, 여름에 떠올랐듯이;
너그러움, 난폭함 이후의 아늑함.
이파리들이 바뀐 뒤, 들판이
수확을 마치고 돌아누운 후의 아늑함.

이것이 미래라고 말해 줘,
나는 당신을 믿지 않을 거야.
나 살아 가고 있다고 말해 줘,
나는 당신을 믿지 않을 거야.

3.
눈이 내렸더랬어. 기억이 나
열린 창문에서 흐르던 음악.

내게로 와, 세상이 말했어.
정확한 문장으로 세상이 말했다는
그 말이 아니라
내가 이런 식으로 아름다움을 느꼈다는 말이야.

해가 뜨고. 습기가 얇게
살아 있는 것을 감싸고. 차가운 빛의 웅덩이가
배수로에 만들어졌어.

나는
문가에 서 있었지,
지금으로선 말도 안 되는 것 같은데.

다른 이들이 예술에서 발견했던 것을,
나는 자연에서 찾았지. 다른 이들이 인간의
사랑에서 찾았던 것을, 나는 자연에서 찾았지.

아주 간단해. 하지만 거기엔 목소리가 없었어.

겨울이 끝났어. 얼음 풀린 흙 속에서
초록이 조금씩 고갤 내밀었고.

내게로 와, 세상이 말했어. 나는 서 있었지
환한 입구 같은 곳에서 모직 코트를 입고―
마침내 나 말할 수 있어
한참 전에: 그게 내게 엄청난 기쁨을 주네. 아름다움

그 치유자, 그 선생님―

죽음은 나를 해칠 수 없어
내 사랑하는 삶,
네가 나를 해친 것 이상으로는.

4.
빛이 바뀌었다;
중앙 '다'음이 이제 더 어둡게 조율되었다.
아침의 노래들이 너무 과하게 들린다.

이것은 가을의 빛, 봄의 빛이 아니다.
가을의 빛: *너는 피하지 못할 것이다.*

노래들이 바뀌었다; 말할 수 없는 것이
노래에 들어왔다.

이것은 가을의 빛이다,
내가 다시 태어났다고 말하는 빛이 아니다.

봄날 새벽도 아니다: *나 불편했어, 나 고통 받았어, 나는 해방되었어.*
이것은 선물이다, 낭비의 우화.

너무 많은 것이 변했다. 그래도, 다행이지:
그 이상이 네 안에서 열병처럼 타오르니.

열병처럼 아니더라도, 두 번째 심장처럼.

노래는 변했지만, 정말 노래는 여전히 제법 아름다워.
노래는 더 작은 공간으로 모여들었지, 마음의 공간.
노래는 이제, 낙담과 고뇌로 어두워.

그래도 그 음들은 반복되지. 이상하게 맴도네
침묵을 고대하며.
귀는 그 음들에 익숙해지고.
눈은 사라진 것들에 익숙해지고.

너는 피하지 못할 거다, 네가 사랑하는 것들도 피하지 못할 거다.

바람이 오고 가네, 마음을 떼어 놓으며;
바람은 이상한 명쾌함을 자국으로 남겼지.

네가 얼마나 특혜 받았는지, 여전히 네가
사랑하는 것에 열렬히 매달리면서;
박탈된 희망이 너를 파괴하지는 않았지.

마에스토조, 돌로로소:

이것은 가을의 빛; 그 빛이 우리에게 막 켜졌다.
어떤 것을 계속 믿으며
끝으로 가는 것은 분명 하나의 특권.

5.
이 세상에 아름다움이 충분하지 않은 건 사실이다.
그걸 회복할 능력이 내게 없다는 것도 사실이다.
정직함도 없다, 여기서 나 조금은 쓸모 있을지도.

나는
일하고 있다, 말은 않지만.

그 단조로운

이 세계의 비참이
우리를 양쪽에 서게 한다, 나무들

줄지어 선 골목; 우리는

여기서 동반자다, 각자 생각에
잠겨 서로 말은 않지만;

나무 뒤로,
개인 주택의 철문들,

굳게 닫힌 방문들,

어찌어찌 버려지고, 방치된,

마치 희망을
만드는 것이 예술가의
임무인 듯, 하지만 무엇으로부터? 무엇을?

그 말 자체가
틀렸다, 인식에
반박할 장치—교차로에는

거리를 장식하는 전등들이 계절을 알리고.

여기서 나는 젊었지. 내 작은
책들과 함께 지하철을 탔지,
나 자신을 이 똑같은 세계로부터

보호하려는 것처럼;

너는 혼자가 아니야,

그 시가 말했지,

그 어두운 터널에서.

6.
낮의 밝음이
밤의 밝음이 되고;
붉은 거울이 된다.

내 친구 대지는 쓸쓸하다; 생각건대,
햇살이 대지를 망쳐 버린 것 같다.
쓸쓸한 건지 지친 건지, 말하기 어렵다.

그녀 자신과 태양 사이에서,
무언가가 끝이 났다.
대지는 이제, 혼자 남겨지기를 원하고;
우리 그만 포기해야 할 것 같아
대지에게 지지를 호소하는 것은.

들판 위로,
마을 집들 지붕들 위로,
모든 생명을 가능케 했던 광채가
차가운 별들이 된다.

가만히 누워서 바라보라:

별들은 아무것도 주지 않고 아무것도 묻지 않네.

대지의

쓰라린 치욕, 차가움과 황폐함 속에서

내 친구 달이 떠오르고:

달은 오늘밤 아름다워, 그런데 언제 아름답지 않은 적이 있던가?

페르세포네 그 방랑자

PERSEPHONE THE WANDERER

첫 번째 버전에서, 페르세포네는
그녀의 어머니에게서 빼앗아 왔지
그래서 대지의 여신이
대지를 벌하고—이건 우리가
인간의 행동이라고 알고 있는 것과 똑같아,

인간들은 남에게 해를 끼치면서
깊은 만족감을 느끼지, 특히
무의식적인 해를:

이를
부정적인 창조라 부를 수 있겠지.

페르세포네의
첫 지옥행은 숫처녀의
감각들을 논하는 학자들이
지속적으로 건드리는 주제:

그녀가 겁탈에 협조했던가,
아니면 그녀 뜻과는 상관없이 약을 먹여 겁탈한 건가,

요즘 여자애들에게 너무 자주 일어나는 일처럼.

잘 알다시피, 사랑하는 사람의 귀환이
사랑하는 사람의 상실을
바로잡아 주지는 않지: 페르세포네는

집으로 돌아가네,
호손의 주인공처럼
붉은 즙으로 얼룩진 채로—

이 말을 써야 하나
나는 좀 고민이지만: 대지가
페르세포네에게 "집"인가? 아마도
그녀가 신의 침대에서 편안할까? 그녀가
편안한 곳은 어디에도 없는가? 그녀는
타고난 방랑자인가, 다시 말해
인과관계를 생각해도 타격을 덜 받는
자기 엄마의 존재론적
복제품인가?

당신은 누구도
좋아하면 안 돼, 알지. 그런 성격들은
사람이 아니오.
그건 모순 혹은 갈등의 양상들이지.

세 부분: 마치 영혼이 에고, 슈퍼에고, 이드,
이렇게 나뉘는 것처럼. 마찬가지로

알려진 세계의 세 층위는,
천국을 지구와 지옥과
나누는 일종의 도표.

너 자신에게 물어봐야지:
어디에서 눈이 내리고 있지?

신성모독의,
망각의 순백—

대지에 눈이 내리고 있다; 차가운 바람이 말하네

페르세포네가 지옥에서 섹스를 한다고.
남은 우리들과 달리, 그녀는 겨울이 무엇인지
알지 못한다, 그녀가 그 겨울을
몰고 온 원인이란 것 외엔.

그녀는 하데스의 침대에 누워 있다.
그녀의 마음에는 무엇이 있지?
겁이 나나? 무언가가
마음의 생각을
지워 버렸나?

그녀는 분명히 알고 있다, 어머니들로 인해
이 땅이 돌아간다는 것을, 이만큼은
확실해. 그녀는 또 안다
그녀가 이제 더는 소녀라 부르는 존재가
아니란 것을. 유폐에
관한 한, 그녀는 믿고 있다

그녀가 딸로 태어난 이상 계속 포로였다는 것을.

그녀를 기다리는 그 끔찍한 결합들이
그녀의 남은 인생을 몽땅 삼킬 것이다.
속죄를 위한 수난은
시간을 끄는 길고 격렬한 일, 너는
네 삶의 방식을 선택할 수 없어. 살아 있지 않으니;
너는 죽는 것도 허락되지 않아.

결국엔, 이상하게도, 똑같아 보이는
대지와 죽음 사이를
너는 떠돈다. 학자들은 우리에게 말하지

너를 두고 겨루는 그 힘들이
너를 죽일 수 있었을 때
네가 무얼 원하는지 아는 건 아무 소용이 없다고.

망각의 순백,
안전의 순백—

그들은 말하지
인간의 영혼에는 온전히 생명에

속하도록 만들어지지 않은
틈이 있다고. 대지는

우리에게 이 틈을 무시하라 하네,
제안으로 위장된 협박—
페르세포네의 이야기에서
우리가 보았듯이
이것은 엄마와 연인 사이 다툼으로

읽어야 하는 이야기—
딸은 다만 고기에 불과한 것.

죽음이 그녀와 맞닥뜨릴 때, 그녀는
데이지 꽃 없는 초원을 본 적이 한 번도 없다.
그녀는 갑자기, 어린 날 부르던 노래들
더는 부르지 못하고, 엄마의
아름다움과 다산을
찬미하던 그 노래들. 그 틈이
있는 곳이 바로 불화의 자리.

지상의 노래,
영원한 생명이라는 신비한 환상의 노래—

지상에 속하고자 안간힘 쓰다
산산이 부서져 버린
나의 영혼—

신과의 경기장에서 당신 차례가 온다면,
당신은 무엇을 할 것인가?

프리즘

PRISM

1.

이 세계가 무엇인지 누가 말할 수 있나? 세계는
흐름 속에 있다, 그래서
읽을 수 없고, 바람이 오가고,
보이지 않게 움직이고 변화하는 거대한 판들—

2.

먼지. 깨진 바위
조각들. 그 위에
드러난 심장이 집을,
기억을 짓는다: 가꿀 수 있는
정원들, 규모는 작지만, 바다 가장자리에
축축한 화단들—

3.

사람이
적을 하나 받아들이면, 이 창문들 통해
사람은 세상을
받아들이지:

여기는 주방이야, 여기는 컴컴한 서재.

의미: 내가 여기 주인이야.

4.
언니가 사랑에 빠질 때면, 내 여동생이 말하네,
번개에 감전되는 것 같아.

그녀는 기대에 차서 말하고 있었지,
그 번개의 주의를 끌기 위해서.

여동생에게 말해 주었어, 여동생이 엄마의 공식을
똑같이 되풀이하고 있는 거라고, 이건 여동생과 내가

어린 시절에 나눈 이야기, 우리 둘 다 느꼈기에
어른들에게서 우리가 보고 있던 게

번개의 효과가 아니라
전기의자의 효과란 것을.

5.
수수께끼:
우리 엄마는 어째서 행복했을까?

답:
아빠랑 결혼했으니까.

6.
"너희들은," 엄마가 말하셨어, "아빠 같은
사람이랑 꼭 결혼해라."

꼭 새겨 둘 말이었지. 다른 하나는,
"너희 아빠 같은 사람은 없어."

7.
갈라진 구름 사이로, 쭉 뻗은 은색 선들.

믿기 힘든
풍년화의 노랑,
강물의 길인 수은빛 줄기들—

그러고는 다시 비가 내려서,
축축한 지상의 발자국들을 지웠다.

교차로 없는 지도 같은,
암시적인 길.

8.
그 암시는, 어린 시절을 저버릴 필요가
있었다는 것. "결혼하라"는 말이 하나의 신호.
너는 또 그걸 미학적인 조언으로 다룰 수도 있다;
그 아이의 목소리는 지쳐 있었고,
더 낮은 음역은 없었다.
그 단어는 하나의 코드, 로제타스톤처럼 신비로운,
그건 또한 도로 표지판, 하나의 경고였다.
너는 지참금처럼 몇 가지 갖고 갈 수도 있었다.
너의 일부인 그 생각을 갖고 갈 수도 있었다.
"결혼하라"는 그 부분에서 조용히 해야 한다는 뜻.

9.
여름 밤. 밖에선,
여름 폭풍우 소리. 그리고 하늘이 말끔히 개고.
창문에는 여름의 별자리들이.

나는 침대에 있었다. 이 사람과 나,
우리는 섹스 뒤에 종종 따라오는
이상한 침묵에 잠겨 있다. 대부분의 섹스 뒤에 오는.
그리움, 그게 뭐지? 갈망, 그게 뭐지?

창문에는, 여름 별자리들이.
한때, 그 이름들 다 댈 수도 있었는데.

10.
추상으로 된
형상들, 무늬들.
마음의 빛. 그 차갑고, 혹독한
무관심의 불씨들, 이상하게

대지에 막혀서, 공기 중에

또 물속에서, 일정하게, 반짝이는,

이제 심어라, 이제 수확하라, 고 적어 놓은—
그 공들인 신호들.

그 이름들을 나는 말할 수 있었다, 그 이름들을 알고 있었다:
두 가지는 다르다.

11.
멋진 것들, 별들.

어렸을 때 나는 불면증에 시달렸다.
여름밤에, 부모님들이 호숫가에 앉아도 된다고 하면
나는 개를 함께 데리고 갔다.

내가 "시달렸다"고 했나? 그건 우리 부모님들한테
납득 안 되는 취향을 설명하던 그들만의 방식:
"개랑 같이 사는 걸 더 좋아했다" 보다 "시달렸다"가 낫지.

어둠. 필멸을 무효로 만든 침묵.

밧줄에 묶인 보트들이 오르락내리락.
보름달이 뜬 밤에 나는 가끔 보트 옆면에 소녀들
이름이 새겨진 걸 읽기도 했다:
루스 앤, 사랑스러운 이지, 내 사랑 페기—

아무 데도 가지 않았지, 그 소녀들.
그들에게서 배울 것은 하나도 없었다.

나는 축축한 모래밭에 내 재킷을 폈고,
개는 내 옆에 웅크리고 앉았다.
부모님은 내 머리 속에 있는 인생을 볼 수 없었다;
내가 그걸 적자 부모님은 철자를 고쳐 주었다.

호수 물소리. 찰싹찰싹, 선착장에 부딪치는
인간의 것이 아닌, 달래 주는, 그 물소리, 풀숲
어딘가에서 개가 낑낑거리고—

12.
숙제는 사랑에 빠지는 것이었다.
세부 사항은 네 마음대로.

두 번째 부분은
그 시에 어떤 단어들을 포함시키는 것,
다른 주제를 다룬
특정 텍스트에서 갖고 온 단어들을.

13.
봄비, 그리고 여름밤.
남자 목소리, 그리고 여자 목소리.

너는 자랐고, 너는 번개를 맞았다.
눈을 떴을 때, 너는 진정한 사랑에 영원히 감전되었다.

딱 한 번 일어난 일. 그렇게 너는 살펴졌고,
너의 이야기는 끝이 났다.

딱 한 번 일어난 일. 감전되는 건 백신을 맞는 것과 같은 일;
남은 생애 동안, 너는 면역이 생겼고,
따뜻하고 메말랐다.

그 충격이 충분히 깊지 않으면,

너는 백신을 맞은 게 아니라, 중독된 거였다.

14.

숙제는 사랑에 빠지는 것이었다.

작가는 여성이었고.

자아는 영혼이라 불려야 했다.

행동은 몸에서 일어났고.

별들이 그 밖의 모든 것을 재현했다: 꿈들, 마음, 등등.

연인은 나르시시즘적 투사에

빠진 자아와 동일시되었다.

마음이 이야기의 하위 구도였다. 그렇게 재잘재잘 이어졌다.

시간은 경험되었다

이야기보다는 의례적인 것으로.

반복되는 것에 무게가 있었다.

어떤 결말은 비극이었고, 그래서 받아들여질 만했고.

그 밖의 모든 것은 실패였다.

15.

속임수. 거짓말. 우리가 가설이라 부르는
꾸민 이야기들—

너무 많은 길들, 너무 많은 버전들이 있었다.
너무 많은 길들이 있었고, 하나의 오솔길은 없었다—

그래서 마지막에는?

16.

"교차로"에 함축된 의미를 나열해 보세요.

정답: 도덕적 교훈이 있는 이야기.

반대되는 예를 말해 보세요:

17.

자아는 끝이 났고 세상은 시작되었다.
둘은 똑같은 크기였다,
고스란히,

하나가 다른 하나를 비추었다.

18.
수수께끼는 이랬다: 우리는 왜 마음 안에서 살 수 없는가.

정답은 이랬다: 대지라는 장애물이 개입되기에.

19.
그 방은 고요했다.
그 말은, 그 방은 고요했지만, 연인들은 숨을 쉬고 있었다.

같은 식으로, 그 밤은 어두웠다.
어두웠으나, 별들은 빛났다.

침대 위의 그 남자는 내가 마음을 주었던
여러 남자들 중 한 남자였다. 자아의 선물,
즉, 한계가 없는.
한계가 없다, 되풀이되긴 하지만

그 방은 고요했다. 캄캄한 밤처럼

그건 하나의 절대였다.

20.
여름 밤. 여름 폭풍우 소리.
보이지 않게 움직이고 변화하는 그 거대한 판들—

어두운 방에는, 서로의 품에서 잠든 연인들.

우리는, 우리 각자는, 먼저 깨어나는 사람,
먼저 움찔 움직여, 거기서 첫 새벽에,
그 낯선 이를 보는 사람.

크레이터 레이크

CRATER LAKE

선과 악의 전쟁이 있었다.
우리는 몸을 선이라 부르기로 했다.

그게 죽음을 악한 것으로 만들었다.
그래서 영혼이
전적으로 죽음에 맞서게 되었다.

위대한 전사를 돕고 싶어 하는
보병처럼, 영혼은
몸의 편을 들고 싶어 했다.

그것은 어둠에 맞서게 되었다,
그것이 인식한 죽음의 형식들에
맞서게 된 것이다.

전쟁이 악이라고 가정해 보라
말하는, 몸이
우리에게 이렇게 했다고,

몸이 우리로 하여금

사랑을 두려워하게 했다 가정해 보라고 하는
그 목소리는 어디에서 나오는가—

에코들

ECHOES

1.
한때 나는 내 영혼을 상상할 수 있었다
내 죽음을 상상할 수 있었다.
내 죽음을 상상했을 때
내 영혼이 죽었다. 이걸
나는 똑똑히 기억한다.

내 몸은 지속되었다.
잘 자라진 않았지만, 지속되었다.
이유는 모른다.

2.
내가 아직 아주 어렸을 때,
부모님은 산으로 둘러싸인
작은 계곡으로 이사갔다
호수의 나라로 불린 곳.
주방 정원에서
산이 보였는데
여름에도 눈이 덮여 있었다.

평화 비슷한 걸 나는 기억한다
내 다시는 느끼지 못했던.

얼마 뒤에, 나는 마음먹었다
예술가가 되기로,
이런 느낌들에 목소리를 주기로.

3.
나머지는 내가 당신에게 이미 말한 것.
말이 유창했던 몇 년, 그리고
긴 침묵, 너의 목소리를
자연의 목소리로 바꾸어 산이 돌려보내기 전
그 계곡의 침묵과 같은.

이 침묵이 이제 나의 동반자.
내가 묻는다: *내 영혼이 어째서 죽었는지?*
그러면 침묵이 대답한다

네 영혼이 죽으면, 너는 누구의 삶을
살고 있는 거니, 또

너는 언제 그 사람이 되었니?

푸가

FUGUE

1.

키가 더 컸기에 내가 남자였다.
우리가 언제 밥을 먹어야 하는지는
내 여동생이 결정했다.
이따금, 그녀는 아기를 낳곤 했다.

2.

그러더니 내 영혼이 나타났다.
너는 누구니, 내가 말했다.
그러면 내 영혼이 말했다,
나는 네 영혼이야, 귀여운 이방인.

3.

우리의 죽은 언니는
기다렸다, 엄마 머리에서 들키지 않고.
우리의 죽은 언니는
남자도 여자도 아니었다. 그녀는 영혼 같았다.

4.

내 영혼이 속았다:

나의 영혼이 남자에게 붙었다.
진짜 남자가 아니라, 여동생과 함께
놀면서 내가 그 사람인 척하는 남자.

5.
내게로 그것이 돌아오고 있다—소파에 누우면
기억이 새롭게 살아났다.
내 기억은 옛날 신문 가득 찬 지하실 같아:
하나도 바뀌지 않는다.

6.
꿈을 꾸었다: 엄마가 나무에서 떨어졌다.
엄마가 떨어진 후에 그 나무는 죽었다:
살아도 제 역할을 하지 못했으니.
엄마는 다치지 않았다—엄마 화살이 사라졌고, 날개는
팔로 바뀌었다. 불의 생물: 궁수자리. 엄마는 자신을 찾는다—

교외의 정원에서. 그것이 내게로 돌아오고 있다.

7.

나는 책을 치웠다. 영혼은 무엇인가?
깃대 너무 높이
휘날리던 깃발, 내 말 무슨 뜻인지 안다면.

몸은
꿈같은 덤불에서 웅크린다.

8.

글쎄, 그에 대해 뭔가를 하려고 우리가 여기 있지.

(독일식 억양으로)

9.

꿈을 꿨다: 우린 전쟁 중.
엄마가 키 큰 풀밭에 석궁을 두고 간다.

(궁수자리, 궁수.)

내 어린 시절은, 나에게 영원히 닫혀 있고,

짭짤한 습지 건초가 두껍게 깔린
가을 정원처럼 금빛으로 바뀌었다.

10.
황금의 활: 전시에는 유용한 선물.

얼마나 무겁던지―어떤 아이도 그걸 들지 못했지.

나를 제외하곤: 나는 그걸 집을 수 있었다.

11.
그리고 난 상처를 입었다. 활이
이제는 하프였고, 하프의 현에 내
손바닥이 깊이 베였다. 꿈속에서

그것은 상처를 내기도 하고 상처를 봉하기도 한다.

12.
내 어린 시절: 나에게 닫혀 있다. 혹 그것은
거름 아래 있는지―비옥한.

하지만 아주 어두워. 꼭꼭 숨겨져서.

13.
어둠 속에서, 내 영혼이 말했다
나는 네 영혼이야.

아무도 나를 보지 못하지; 오직 너만—
오직 너만 나를 볼 수 있어.

14.
영혼이 또 말했다, 넌 나를 믿어야 해.

의미: 만약 하프를 옮기면,
넌 피를 흘리며 죽을 거다.

15.
나는 왜 소리 내어 울지 못하지?

나는 적고 있어야 한다, *내 손이 피를 흘리고 있다*,
고통과 공포를 느끼며—꿈에서

내가 느꼈던 것, 마치 전쟁 사상자처럼.

16.
나에게로 돌아오고 있다.

배나무. 사과나무.

심장에서 화살을 꺼내며
나 거기 앉아 있곤 했다.

17.
그리고 내 영혼이 나타났다. 영혼이 말했다
아무도 나를 볼 수 없듯이, 아무도
그 피를 볼 수 없다고.

또: 아무도 그 하프도 볼 수 없다고.

그리고 영혼이 말했다
내가 너를 구원할 수 있어. 의미는
이건 시험이다.

18.
"너"는 누구인가?

"보이지 않는 고통에 너 지쳤는가?"에서 묻듯이.

19.
햇빛이 완전히 차단된 작은 새처럼:

그게 내 어린 시절이었다.

20.
키가 더 컸기에 내가 남자였다.

하지만 나는 키가 큰 게 아니었다—
내가 거울을 본 적이 있었던가?

21.
농원 안은 침묵,
그 상담중인 정원. 그러면:

그 하프는 뭘 암시하지?

22.
네가 원하는 걸 나는 안다―
너는 오르페우스를 원한다, 너는 죽음을 원한다.

"에우리디케를 찾는 걸 도와줘."라고 말한 오르페우스.

그리고 음악이 시작되었다, 몸이 사라지는 것을
지켜보는 영혼의 애가.

II.

저녁 별

THE EVENING STAR

오늘 밤, 몇 년 만에 처음으로,
대지의 광휘에 대한 환영이
다시 나에게 나타났다:

대지가 어두워지면서
저녁 하늘
첫 별이 점점 더
밝아지는 것 같았다

마침내 대지는 더는 어두워지지 않았고.
그 빛은, 죽음의 빛이었는데,
위로하는 힘을 이 땅에

돌려주는 것 같았다. 다른
별들은 하나도 없었다. 다만
내가 이름을 아는 그 별뿐

내 다른 생에서 내가 상처
입힌 그 별만: 금성,
이른 저녁의 별,

너에게 나는 바친다
나의 시선을, 이 텅 빈 표면 위에

네가 충분한 빛을 던져
내 생각이 다시
보이게 하였으니.

풍경

LANDSCAPE

1.

태양은 산 너머로 지고 있고,

대지가 식고 있다.

낯선 이가 말을 헐벗은 밤나무에 묶었다.

말은 조용하다―머리를 갑자기 돌리는 말,

멀리서 들려오는 바다 소리를 듣고 있다.

나는 여기서 밤을 보내려고 자리를 편다,

제일 무거운 담요를 축축한 땅 위에 깐다.

바다의 소리―

말이 머리를 돌리면, 나는 그 소릴 들을 수 있다.

헐벗은 밤나무들 사이로 난 길 위에

작은 강아지 한 마리 주인 뒤를 따라간다.

그 작은 개―목줄을 조이며 앞으로 달려 나가는 것에

익숙하지 않았던가, 거기서, 거기 미래에서

무얼 보는지 주인에게 알려 주려는 듯―

미래, 그 길, 부르고 싶은 대로 부르렴.

나무들 뒤엔, 해질녘, 커다란 불이
두 산 사이에서 타고 있는 듯
그래서 제일 높은 절벽 위에 눈마저도
그 순간, 불타고 있는 듯 보인다.

들어 봐: 길 끝에서 그 남자가 외치고 있다.
목소리가 이젠 아주 이상해졌다,
볼 수 없는 것을 부르는 사람의 목소리다.

시커먼 밤나무 사이로 그가 자꾸만 외친다.
마침내 멀리서, 그 동물이
희미하게 대답한다,
우리가 두려워하는 이것이
끔찍하지 않은 것처럼.

해질 무렵: 그 낯선 사람이 자기 말고삐를 끌렀다.

바다 소리—

이젠 기억만 남아.

2.

시간이 지나, 모든 것이 얼음으로 변했다.
얼음 아래서, 미래가 꿈틀거렸다.
거기 빠지면, 너는 죽는다.

그건 기다림의 시간,
유예된 행동의 시간이었다.

나는 현재에 살았다, 그건
네가 볼 수 있는 미래의 일부였다.
과거는 내 머리 위에 떠돌아 다녔다,
보이지만 결코 닿을 수 없는 해와 달처럼.

온갖 모순에 지배되는
시절이었다, 가령
*아무것도 느낄 수 없어*와
*겁이 났어*처럼.

겨울이 나무들을 비웠다가, 다시 눈으로 채웠다.
내가 느낄 수 없었기에, 눈이 내렸고, 호수가 얼어붙었다.

겁이 나서, 나는 움직이지 않았다;
내 숨결은 하얬다, 일종의 침묵의 표현.

시간이 흘렀다, 또 그 시간 중 일부는 이렇게 되었다.
또 일부는 그냥 증발해 버렸다;
하얀 나무들 위에 얼음 입자들이 되어
시간이 떠 있는 걸 너는 볼 수 있었다.

평생을, 너는 좋은 때를 기다린다.
그러면 그 좋은 때는
행해진 행위로 모습을 드러낸다.

나는 지켜보았다, 과거가 지나는 것을, 구름 한 줄기
바람에 따라, 왼쪽에서 오른쪽으로,
오른쪽에서 왼쪽으로 움직이는 것을. 어떤 날은

바람 한 점 없었다. 구름은
그늘이 있던 곳에 머물려는 듯 보였다,
실제보다 더 고요한, 바다 그림처럼.

어떤 날에 그 호수는 유리판이었다.
유리 아래에서, 미래가 조용하고
솔깃한 소리를 내고:
듣지 않으려고 너는 긴장해야 했다.

시간이 흘렀다; 너는 시간의 한 조각을 봐야 했다.
거기 지나간 세월은 여러 해 겨울;
그립지 않을 것이었다. 어떤 날은

구름 한 점 없었다, 과거의
근원조차 사라진 것만 같았다. 세계는

표백되었다, 네거티브 필름처럼; 빛이
직접 통과해 간 것이다. 그러면
형상이 희미해졌다.

그 세계 위에는
다만 파랑, 사방이 파란 색이었다.

3.
늦가을, 한 소녀가 밀밭에
불을 질렀다. 가을은

매우 건조해서; 그 밭은
불쏘시개처럼 타올랐다.

나중에 아무것도 남지 않았다.
그 사이로 지나가면, 아무것도 볼 수 없다.

건질 것도 냄새 맡을 것도 하나 없다.
말들은 그걸 이해하지 못하고—

밭이 어디에 있는가, 말들이 말하는 것 같다.
집이 어디냐고
당신과 내가 말하는 것처럼.

거기 어떻게 답해야 하는지 아무도 모른다.
아무것도 남지 않았다;
농부를 위해서라도 희망을 가져야겠지,

보험금이 지급될 것이라고.

그건 당신 인생의 일 년을 잃어버리는 것과 같다.
당신이라면 인생의 일 년을 무엇에다 잃어버릴 수 있을까?

나중에 당신은 옛 장소로 돌아간다―
남은 것은 숯뿐이다; 흑(黑)과 허무.

너는 생각한다: 내가 여기서 어떻게 살지?

하지만 그때는 달랐다,
지난여름만 하더라도. 대지는

하나도 잘못될 것이 없는 것처럼 행동했다.

성냥 하나면 충분했다.
하지만 적절한 때―적절한 때여야만 했다.

밭이 말라 있었다, 바싹―
이미 닥친 죽음이었다

말하자면.

4.

나는 강에서 잠이 들었고, 강에서 잠이 깼다,
나의 기이한, 죽음의
실패에 대해, 나 당신에게 할 수 있는 말이
하나도 없다, 누가
나를 구했는지, 무슨 이유로—

거대한 고요였다.
바람도 없고. 사람의 소리도 없고.
쓰라린 세기가

끝이 났다,
영광스러운 자도 떠났고, 지키는 자도 떠났고,

차가운 태양은
일종의 호기심, 하나의 기념물로 지속됐고,
시간은 그 뒤로 흘렀다—

하늘은 겨울 하늘처럼
아주 깨끗한 것 같았고,

흙은 말랐고 아무도 뭘 심지 않았다,

공식적인 광선은 차분히
대기의 구멍을 통해 움직이고

품위 있고, 만족스럽게,
녹아드는 희망,
미래의 형상들을 미래가 지나가는 신호에 종속시키고—

틀림없이 내가 넘어진 것 같아.
일어서려 애쓸 때, 그럴 수밖에 없었지,
육체적인 고통에 익숙하지 않았기에—

난 이미 잊어버렸다,
이런 조건들이 얼마나 가혹한지:

쓸모가 없지는 않는 땅
그래도, 그 강은 차갑고, 얕다—

내 잠에 대해선, 나 아무것도

기억나지 않는다. 내가 소리쳤을 때,
뜻밖에도 내 목소리가 나를 달래 주었다.

의식의 침묵 속에서 나는 내게 물어보았다:
내 인생을 왜 내가 거절했지? 그리고 대답했다
Die Erde überwältigt mich:
대지가 나를 무너뜨린다.

나는 이 설명을 정확하게 하려고 했다
다른 누군가가 나를 따라할 수 있으니. 나는 입증할 수 있다
겨울에 해가 질 때면 그 광경은
비할 데 없이 아름답고 그 기억은 아주
오래 간다는 것을. 내 생각에 이건

밤이 없었다는 뜻이다.
그 밤은 내 머릿속에 있었다.

5.
해가 진 후
우리는 재빨리 말을 몰아
어둠이 내리기 전에 쉴 곳을 찾으려 했다.

동쪽 하늘에서 먼저
별들을 볼 수 있었다:

그래서 우리는 달렸다,
빛을 피하여
바다 쪽으로, 거기
마을이 있다는 이야길 들었기에.

얼마 지나지 않아 눈이 내렸다.
처음엔 쌓이지 않았지만
눈은 착실하게 내려 지구가
하얀 필름으로 뒤덮였다.

고개를 돌려 보니 우리가
지나온 길이 선명히 보였다—

잠깐 지구를 가로지르는
어두운 궤적이 만들어졌다—

그리고는 눈이 제법 내렸고, 길은 사라졌다.
말은 피곤했고 배가 고팠다;
말은 어디에도 더는
발 디딜 수 없었다. 속으로 내가 말했다:

예전에 나 길을 잃었어, 예전에 나 추웠어.
밤이 내게로 왔다
정확히 바로 이런 식으로, 예감처럼—

또 나는 생각했다: 여기서
돌아오라고 한다면, 인간으로서
돌아가고 싶어, 그리고 내 말은

말로 남게 하고 싶어. 그렇지 않다면
나는 다시 어떻게 시작하는지 알지 못할 것이다.

순수의 신화

A MYTH OF INNOCENCE

어느 여름, 그녀는 여느 때처럼 들판에 나간다
자기를 비춰 보던 웅덩이에
잠시 멈춰 서서 어떤 변화가
있는지 살핀다. 그녀는 본다
같은 사람을, 아직도 그녀에게 달라붙어 있는
그 끔찍한 딸다움의 꺼풀을.

태양은, 물속에서, 아주 가까이 있는 것 같다.
저기 아저씨가 또 엿보고 있네, 그녀는 생각한다―
자연에 있는 모든 것은 어떤 면에서 그녀의 친척이다.
나는 절대 혼자가 아니야, 그녀는 생각한다,
생각을 기도로 바꾸면서.
그리고 죽음이 나타난다, 기도의 응답처럼.

그가 얼마나 멋졌는지 아무도 더는
알지 못한다. 하지만 페르세포네는 기억한다.
또 그가 그녀를 안았다는 것도, 바로 저기서,
아저씨가 지켜보는 가운데. 그녀는 기억한다
그의 맨 팔에 반짝이던 햇살을.

이것이 그녀가 선명하게 기억하는 마지막 순간이다.
그러고는 그 검은 신이 그녀를 낚아챘다.

그녀는 또 기억한다, 희미하나마,
이 순간부터 그녀가 그 없이는 살 수 없으리라는
그 오싹한 직감을.

웅덩이에서 사라진 소녀는
절대로 돌아오지 않을 것이다. 여자가 돌아올 것이다,
한때 자신이었던 그 소녀를 찾아서.

웅덩이 옆에 서서 말한다, 가끔씩
나는 납치되었어, 하지만 그녀에겐
틀린 말로 들린다, 그녀가 느낀 것과는 전혀 다르다.
그래서 그녀는 말한다, *나는 납치되지 않았어.*
그래서 그녀는 말한다, *내가 나를 바친 거야, 나는*
내 몸을 벗어나고 싶었어. 심지어, 가끔은,
내가 이걸 의도했어. 하지만 무지는

앎을 의도할 수 없다. 무지는

상상되는 어떤 것을 의도한다, 존재한다고 믿는 것을.

저마다 다른 모든 명사들을—
그녀는 번갈아가며 말한다.
죽음, 남편, 신, 이방인.
모든 게 너무 단순하고 너무 평범하게 들린다.
틀림없이 나는 그저 순진한 소녀였을 뿐인데, 그녀는 생각한다.

그녀는 자신을 그 사람으로 기억할 수 없다
대신 그녀는 계속 생각한다, 그 웅덩이가 기억해서
그녀에게 설명해 줄 거라고 그녀 기도의 의미들을
그래서 응답이 있었는지 없었는지
그녀가 이해할 수 있을 거라고.

오래된 파편

ARCHAIC FRAGMENT

나는 질료를 사랑하려고 애쓰고 있었다.
거울 위에 표어도 하나 붙여 놓았다.
질료를 증오하고 형상을 사랑할 수는 없다.

좀 춥지만 아름다운 날이었다.
이건, 내게는, 사치스러울 정도로 정서적인 표현이었다.

…… 너의 시:
시도했지만, 할 수 없었던.

나는 그 첫 번째 표어 위에 또 하나의 표어를 붙였다:
울어라, 통곡하라, 너를 매질하고, 너의 옷을 찢어라—

사랑할 것들의 목록:
먼지, 음식, 껍질들, 머리카락.

…… 말해 버렸다
무미(無味)의 과잉을. 그러고 나는

그 표어들을 찢어 버렸다.

아—아—아— 울었다
그 발가벗은 거울이.

파란 원형 건물

BLUE ROTUNDA

손이 있는 것이 넌더리 나
그녀가 말했다
나는 날개를 원해—

하지만 손도 없이 뭘 하겠니
인간이?

난 인간이 넌더리 나
그녀가 말했다
태양에서 살고 싶어—

                    •

그녀 자신을 가리키며:

여기는 아니야.
이곳엔 충분한
온기가 없는 걸.
파란 하늘, 파란 얼음

그 파란 원형 건물

그 평평한 거리에
들어 올려진—

그러고 나서, 침묵 후에:

　　　　•

나
내 심장을 돌려받고 싶어
모든 걸 다시 느끼고 싶어—

그게 바로
태양이 뜻했던 바: 그건 이런 뜻
바싹 타 버렸어—

기억하는 것은
결국엔 재미가 없어.
그 피해는

재미가 없어.
그때 나를 알고 있던 어느 누구도

지금은 살아 있지 않아.

어머니는
아름다운 여인이었어—
다들 그렇게 이야기했어.

　　　　•

나는 모든 걸
상상해야 해
그녀가 말했어

그곳으로 가는 지도가
정말 있는 것처럼
행동해야 해:

네가 아이였을 때—

　　　　•

그러고 나서:

나 여기 있다
그게 진실이 아니었기에; 내가

그걸 *왜곡했다*—

　　　　　•

모든 걸
설명하는 이론을
나는 원해 그녀가 말했다

엄마 눈에
보이지 않는
그 은박 조각

붓꽃에 갇힌
그 파란 얼음—

　　　　　•

그런 다음:

그게 내 잘못이면
좋겠어
그녀가 말했다
내가 그걸 고칠 수 있게—

　　　　•

파란 하늘, 파란 얼음,
얼어붙은 강 같은 거리

너는 내 인생
이야길 하고 있구나
그녀가 말했다

　　　　•

그녀가 말했다
네가 그걸 고쳐야 하는
것만 빼고

올바른 순서로
어머니를 해결할 때까지

아버지는 놔두고

·

어디서 말이 끝나는지
보여 주는
검은 공간

너는 지금 숨을 쉬어야 한다고
말하는 크로스워드 퍼즐

그 검은 공간, 의미는
네가 아이였을 때—

·

그러고 나서:

얼음이
거기 있었다, 너 자신을 보호하려고

느끼지 않는 법을

네게 가르쳐 주려고—

그 진실
그녀가 말했다

나는 그게 목표물 같다고
생각했지, 네가 보게 될 거라고

그 중심을—

                    •

방을 가득 채우는 차가운 빛.

우리가 어디 있는지 나는 알아
그녀가 말했다
바로 창문이야
내가 아이였을 때

그거 내 첫 번째 집이잖아, 그녀가 말했다
그 정사각형 상자—

계속해 그리고 웃어.

내 머릿속처럼:
내다볼 수 있지만
넌 나갈 수는 없어―

·

생각 좀 해 봐
태양이 거기 있었다, 그 헐벗은 장소에

그 겨울 태양은
아이들 심장에
닿을 만큼 가깝지는 않고

그 빛은 말하네
내다볼 수 있지만
넌 나갈 수는 없어

여기가, 빛이 말한다,
여기가 모든 것이 속해 있는 곳이야

헌신의 신화

A MYTH OF DEVOTION

이 소녀를 사랑하기로 결심했을 때
하데스는 소녀를 위해 세상의 복사판을 하나 만들었다,
다 똑같았다, 저 아래 초원까지,
다만 침대 하나 더 들여놓았다.

다 똑같았다, 햇빛을 포함해서,
밝은 빛에서 깜깜한 어둠으로 그처럼 빨리 옮겨 가는 건
어린 소녀에게는 힘들 것이기에.

차츰차츰 밤을 소개해야지, 하데스는 생각했다,
우선 일렁이는 나뭇잎 그림자로. 그러고는
달, 그다음엔 별들. 그러다 달도 없애고, 별도 없애고.
페르세포네가 천천히 익숙해지게 해야지.
결국엔, 그는 생각했다, 밤이 편안하단 걸 알게 될 거야.

세상의 복사판
여기 사랑이 있었다는 것만 빼고는.
모두가 사랑을 원하는 것 아닌가?

여러 해를 하데스는 기다렸다,

하나의 세계를 만들어,
초원에 있는 페르세포네를 지켜보며.
페르세포네, 냄새 맡는 이, 맛을 보는 이.
식욕이 있으면 당신은, 하데스가 생각했다,
모든 욕구가 다 있는 거야.

모두들 밤에는 사랑하는 이의 몸을,
나침반을, 북극성을 느끼고 싶어 하지 않는가,
나 살아 있어요, 라고 말하는 그 조용한 숨소리를
듣고 싶어 하지 않는가, 그건 말이지,
당신이 살아 있다는 뜻, 당신이 내 숨소리 듣고 있으니,
당신이 여기 나와 함께 있다는 뜻. 그렇게 한쪽이
돌아누우면, 다른 쪽이 돌아눕고—

이것이 그가 느꼈던 것, 그 어둠의 제왕이
페르세포네를 위해 만든 세상을
바라보며 느꼈던 거였다. 하지만
여기에 더 이상 냄새도 없고
더 이상 먹는 일도 없을 거라는
생각은 한 번도 하지 않았다.

죄의식? 공포? 사랑에 대한 두려움?
이런 것들을 그는 상상조차 못 했다;
어떤 연인도 이런 건 상상할 수 없는 법.

하데스는 꿈을 꾼다, 이 장소를 무어라 부를지 고민한다.
우선 드는 생각: *새로운 지옥.* 그리고는: *정원.*
마침내는, 이곳을 이렇게 부르기로 결심한다,
페르세포네의 소녀 시절이라고.

부드러운 빛이 침대 뒤로
초원보다 더 높이 올라간다. 하데스가 그녀를 두 팔로 안는다.
사랑하오, 아무것도 당신을 해칠 수 없소, 라고 말하고 싶다.

하지만 생각한다,
이건 거짓말이라고, 그래서 결국 이렇게 말한다,
당신은 죽었소, 아무것도 당신을 해칠 수 없소
하데스에게는 이 말이
더 진실하고 더 그럴듯한 시작인 것 같다.

아베르노

AVERNO

1.

영(靈)이 죽으면 너는 죽는다.

영이 죽지 않으면 살고.

잘할 수 없을지라도, 너는 계속하는 거야—

선택권이 없는 일이지.

이렇게 아이들한테 말하면

아이들은 아무 관심이 없다.

나이든 사람들이란, 아이들은 생각한다—

어른들은 늘 이런 식이야:

자기들이 잃어버리고 있는 그 모든 뇌세포들을 커버하려고

아무도 볼 수 없는 것들에 대해 이야기하지,

아이들은 서로에게 눈을 찡긋거리고;

의자를 뜻하는 말을 더는 기억 못 해서

영(靈)에 대해 이야기하는 늙은이의 말을 듣고 있다.

혼자가 되는 건 끔찍한 일이다.

혼자 사는 걸 말하는 게 아니다—

혼자가 되는 것, 아무도 너의 말을 들어주지 않는 곳에서.

의자라는 단어가 생각난다.
말하고 싶은데— 이제 나는 아무 관심이 없다.

준비를 해야 해
이런 생각을 하며 나는 깨어난다.
곧 영(靈)이 포기를 하겠지—
세상에 있는 모든 의자들이 다 너를 도와주지는 않을 거다.

내가 방 밖에 있을 때 아이들이 무슨 말을 하는지 나는 안다.
내가 누군가를 만나야 하는지, 내가
새 우울증 약을 먹어야 하는지.
비용을 어찌 나눌지 소곤대는 그 말을 나 들을 수 있다.

소리 지르고 싶다
너희는 하나같이 다 꿈속에서 살고 있어.

정말 괴롭다, 그들은 생각한다, 내가 허물어지는 걸 지켜보는 일.
정말 괴롭다 새로운 걸 알 권리가 내게 있는 듯
그들이 이즈음 듣는 이런 설교 없이도.

음, 그들도 같은 권리가 있다.

애들은 꿈속에서 살고 있고, 나는 귀신이 될
준비를 한다. 소리 지르고 싶다

안개가 걷혔어—
그건 새로운 인생 같다:
그 결과에서 너희 지분은 없다;
그 결과를 너희 알잖아.

생각해 보라: 의자에 앉은 육십 년을. 또 이제 그렇게 대놓고
그렇게 겁 없이 추구하는 그 필멸의 영(靈)을—

그 베일을 걷어 올리려고.
네가 무엇과 작별하는지 보려고.

2.

오랫동안 나는 돌아가지 않았다.

내가 그 벌판을 다시 보았을 때, 가을이 끝나 있었다.

여기선, 시작하기도 전에 거의 끝난다―

늙은이들은 여름옷은 아예 가지고 있지도 않다.

벌판은 눈으로 뒤덮였다, 순백으로.

여기서 무슨 일이 있었는지 어떤 표시도 없었다.

농부가 새로 씨앗을 심었는지 아닌지도

너는 몰랐다.

아마도 그는 포기하고 떠났다.

경찰은 그 소녀를 붙잡지 않았다.

그녀가 다른 나라로 이사 갔다고 잠시 후에 경찰은 말했다,

벌판이 없는 나라로.

이런 재난은

지상에 어떤 흔적도 남기지 않는다.

또 이런 사람들은― 재난이 새로운 출발을

하게 한다고 생각한다.

아무것도 보지 않고, 나는 한참을 서 있었다.
잠시 후에 나는, 얼마나 어두운지 깨달았다, 얼마나 추운지도.

한참을— 얼마나 지났는지 모르겠다.
일단 대지가 어떤 기억도 지니지 않기로 결심하면
시간은 어떤 면에선 의미 없어 보인다.

하지만 내 아이들에겐 그렇지 않다. 유언장을 작성하러
아이들은 나를 따라 온다; 나라에서 다
차지할까 봐 아이들은 걱정이다.

아이들은 언젠가 나와 함께 와야 한다
눈 덮개 아래 이 벌판을 보려면.
그 모든 것이 저기 쓰여 있다.

무(無): 나는 아이들에게 줄 게 아무것도 없다.

그게 첫 번째 부분이다.
두 번째는: 나는 화장(火葬)은 싫다.

3.
한쪽에선, 영혼이 헤매고 있다.
다른 한쪽에서는, 공포 속에 살아가는 인간들.
그 사이엔, 실종의 구덩이.

어린 소녀들이 내게 묻는다
아베르노 근처에서 자기네들이 안전할지—
추워서, 소녀들은 잠시 남쪽으로 가고 싶어 한다.
또 한 아이가 말한다, 농담처럼, 아니 너무 먼 남쪽은 말고요—

나는 말한다, 더없이 안전하지,
이 말이 아이들을 행복하게 만든다.
그 말은 어떤 것도 안전하지 않다는 뜻.

너는 기차를 탄다, 너는 사라진다.
창문에 네 이름을 쓴다, 너는 사라진다.

이런 장소들 사방에 있다,
어린 소녀로 네가 들어가는 장소,
거기서 너 다시는 돌아오지 못한다.

그 벌판처럼, 불에 탄 한 사람.
나중에 그 소녀는 떠났다.
아마도 그녀는 존재하지 않았던 것이다,
어느 쪽이든 우린 증거가 없다.

우리가 아는 건 다만:
불에 탄 벌판.
하지만 우린 그걸 *보았다.*

그래서 우리는 그 소녀를 믿어야 한다,
그녀가 한 것을. 그렇지 않으면,
그것은 이 지상을 다스리는
우리가 이해 못 하는 힘에 불과하다.

소녀들은 방학을 생각하며 행복하다.
기차는 타지 말거라, 나는 말한다.

소녀들은 기차 창문에 입김 호호 불어 이름을 쓴다.
나는 말하고 싶다, 너희 참 착한 소녀들이구나,
이름을 뒤에 남기려 애쓰니.

4.
우리는 그 섬들을 항해하며
하루를 다 보냈다,
반도의 일부분이었던
그 작은 섬들

그러다 섬들은
산산이 부서졌고 지금은
북쪽 바닷물에 떠다니는 게 보인다.

나한테는 그 섬들이 안전해 보였다,
거기엔 아무도 살 수 없으니 나는 생각한다.

나중에 우리는 주방에 앉아
저녁이 시작되는 걸 보고 있다 그러고는 눈.
첫 눈, 그리고 또 눈.

우리는 말이 없어졌다, 눈에 넋을 잃고서
마치 어떤 난기류가
예전에 숨어 있다가

막 나타나기 시작한 듯,

그 밤 내부의 어떤 것
이제 드러나—

침묵 속에서 우리는 질문을
던지고 있었다 서로 믿는 친구들에게
극심한 피로에도 질문한다
서로가 더 잘 알기를 바라며

그렇지 않으면, 이렇게 공유된 느낌으로
어떤 통찰에 닿기를 바라며.

자신의 필멸을 깨닫도록
강요하는 게 무슨 도움이 되나?
인생의 기회를 놓치는 게 가능한가?

그런 질문들.

눈이 퍼붓고. 그 칠흑의 밤은

바지런한 순백의 대기로 변모되고.

우리가 보지 못했던 어떤 것이 드러났다.
그 의미만은 드러나지 않았다.

5.

첫 겨울 후에 그 벌판은 다시 자라기 시작했다.
더 이상 가지런한 고랑들은 없었다.
밀 내음은 계속되었는데, 다양한 잡초들과 섞여
되는대로 퍼지는 향기였다, 이걸 사람들이
어찌해야 하는지는 아직 생각 못 했다.

당혹스러웠다―그 농부가
어디로 갔는지 아무도 몰랐다.
그가 죽었다고도 했고
뉴질랜드에 딸이 있어서
거기 밀 대신 손녀를 키우러
갔다고도 했다.

알고 보면, 자연은 우리와 같지 않다;
자연은 기억의 저장고가 없다.
벌판은 성냥을 두려워하게 되지 않고,
어린 소녀들을 두려워도 않는다. 벌판은
고랑들도 기억하지 않는다. 벌판은 몰살되고, 불에 타고,
그리하여 일 년 후에 다시 살아난다,

이상한 어떤 일이 전혀 일어나지 않은 듯.

농부는 창문 밖을 빤히 응시한다.
아마도 뉴질랜드에서, 아마도 다른 어느 곳에서.
그는 생각한다: *내 인생은 끝났어.*
그의 인생은 그 벌판에서 스스로를 표현했다;
대지에서 무언가를 만들어 내는 것, 그는 더 이상은
믿지 않는다. 대지가, 그는 생각한다,
나를 제압했어.

그 벌판이 불타던 그날을 기억한다,
사고는 아니었다, 그는 생각한다.
그 안의 심오한 어떤 것이 말했다: *이렇게라면 나는 살 수 있어,*
시간이 좀 지나면 싸울 수도 있어.

끔찍한 순간은 그의 작업이 지워진 후 그 봄이었다,
그때 그는 알게 되었다 대지는
애도하는 법을 모른다는 걸, 애도하는 대신에 바꿀 거라는 걸.
그런 다음 그가 없어도 계속 존재할 거라는 걸.

조짐

OMENS

너를 만나려고 나는 타고 갔다: 꿈들은
내 주변에 복닥거리던 살아 있는 존재들 같고
내 오른쪽에는 달이
나를 따라왔다, 타오르면서.

나는 돌아왔다: 모든 것이 변했다.
사랑에 빠진 내 영혼은 슬펐고
달은 내 왼쪽에서
아무런 희망 없이 따라왔다.

그런 끝없는 인상들에게
우리 시인들은 우리 자신을 전적으로 내어 준다,
침묵 속에서, 단순한 사건의 조짐을 만들면서,
마침내 세상은 영혼의 가장 깊은 결핍들을 되비춘다.

알렉산더 푸쉬킨 풍으로

망원경

TELESCOPE

시선을 옮긴 후에
네가 어디 있는지 잊어버리는 그런 순간이 있다
왜냐면, 네가 밤하늘의 고요 속에서,
어느 다른 곳에서 살고 있는 것만 같아서.

너는 이제 세상 여기에 없다.
너는 다른 곳에 있다,
인간의 삶이 아무 의미 없는 그런 곳에.

너는 몸을 가진 생명체가 아니다.
너는 별이 존재하듯이 존재한다,
별들의 고요, 별들의 광막함에 참여하며.

그런 다음 너는 다시 이 세상에 있다.
밤에, 추운 산 위에서,
망원경을 분해하면서.

나중에 너는 깨닫는다
그 이미지가 틀렸다는 게 아니라
그 관계가 틀렸다는 것을.

각각의 것이 모든 다른 것으로부터
얼마나 멀리 떨어져 있는지 너는 다시 본다.

개똥지빠귀

THRUSH

눈이 내리기 시작했다, 온 세상을 덮는 것 같다.
그건 사실일 리 없다. 하지만 사실인 듯 느껴졌다,
내가 볼 수 있던 모든 것 위에 더욱 더 두텁게 눈이 내렸다.
소나무들은 얼어서 쉽게 부러졌다.

여기가 내가 네게 말한 그곳,
밤에 붉은 날개 가진 찌르레기들 보러 오던 곳,
여기서는 *개똥지빠귀*라고 부르는 새—
사라지는 생명의 붉은 깜박임—

나로서는— 내 생각에 내가 느끼는 죄책감은
내가 아주 잘 살아온 건 아니라는 뜻.

나 같은 사람은 도망 안 가. 너는 잠시 잠을 자는 것 같아,
그러고는 다음 생의 공포 속으로 내려가는 것 같아.
그밖엔

영혼이 어떤 다른 형태 안에 있다는 것,
이전보다 더 혹은 덜 의식하며,
더 혹은 덜 갈망하며.

여러 번 살고 나면, 아마 뭔가가 변한다.
결국 네가 원하는 것을
보게 될 거라고 생각해—

그러면 너는 더 이상은
죽었다가 다시 돌아오지 않아도 되지.

페르세포네 그 방랑자

PERSEPHONE THE WANDERER

두 번째 버전에서, 페르세포네는
죽는다. 그녀는 죽고, 어머니는 비통해한다—
섹슈얼리티의 문제들은 여기서
우리한테 전혀 불편하지 않다.

비탄 속에서, 어쩔 수 없이, 데메테르가
대지를 돌고 또 돈다. 페르세포네가 무엇을
하고 있는지 우리로선 알 수 없다.
그녀는 죽었고, 죽은 자들은 신비다.

여기 우리에게
어머니와 암호가 있다: 이것은
어머니의 경험과 정확히
일치한다, 어머니가

갓난아기 얼굴을 들여다볼 때. 그녀는 생각한다:
네가 존재하지도 않았을 때를 기억해. 아기는
어리둥절하다; 나중에, 그 아이의 의견은
그녀는 항상 존재했다는 것, 마치

자기 엄마가 늘 지금의 모습으로
있어 왔던 것처럼. 어머니는
버스 정류장에 있는 어떤 형상 같다,
버스가 도착하길 기다리는 어떤 관중. 그 전에,
어머니는 그 버스였다, 임시
거처 혹은 편의시설. 페르세포네는, 보호받으며,
마차 창문 밖을 빤히 바라본다.

그녀는 무엇을 보고 있는지? 사월
이른 봄, 어느 아침을. 이제

그녀의 전 생애가 시작하고 있다— 불행히도,
짧은 생이
될 것이다. 그녀는 정말로, 알게 될 것이다,

두 어른들만: 죽음과 어머니만을.
하지만 둘은
어머니가 가진 것의 두 배:
어머니가 가진 것은

아이 하나다, 딸 하나.
신으로서 그녀는
수천 아기를 가질 수도 있었는데.

우리는 여기서 보기 시작한다,
대지의 그 깊은 폭력을,

그 적의가 암시하듯
생명의 원천으로서 계속할 소망이
그녀에겐 없다.

이러한 가설은 어째서
한 번도 논의되지 않았는가? 그것이
이야기 속에 있지 않기에; 그것은
다만 이야기를 창조하기에.

딸이 죽은 후 비탄에 잠겨,
어머니는 이 세상을 헤매 다닌다.
어머니는 자신의 사례를 준비 중이다;
정치인처럼

그녀는 모든 것을 기억하고 아무것도
인정하지 않는다.

예를 들어, 딸의
탄생은 견딜 수 없는 것, 딸의 아름다움은
견딜 수 없는 것: 그녀는 이걸 기억한다.
그녀는 페르세포네의 순수를
기억한다, 그녀의 부드러움을—

딸을 찾으면서, 그녀는 무얼 계획하고 있는가?
그녀는 공표하고 있다,
하나의 경고를, 거기 암시된 메시지는:
내 몸 바깥에서 너는 무엇을 하고 있나?

너는 너 자신한테 물어 본다:
어찌하여 어머니의 몸은 안전한가요?

대답은
질문이 틀렸다는 것, 왜냐하면

딸의 몸은
존재하지 않기에, 어머니
몸의 한 부분이 아니라면, 어떻게든,
다시 부착할 필요가 있는
것으로서가 아니라면.

신이 비통해할 때 그 의미는
다른 이들을 파괴하는 것 (전쟁에서처럼)
동시에 동의를 뒤집기 위해
탄원하는 것 (역시나 전쟁에서처럼):

만약 제우스가 그녀를 되찾으면,
겨울이 끝날 것이다.

겨울이 끝날 것이고, 봄이 돌아올 것이다.
내가 그토록 사랑했던
보채는 그 조그만 산들바람, 그 맹한 노랑 꽃들—

봄이 돌아올 것이다, 허위에
기반한 꿈이:

죽은 자들이 돌아올 거라는.

페르세포네는
죽음에 익숙했다. 이제 자꾸만
그녀의 어머니가 그녀를 다시 끌어낸다—

너는 너 자신에게 물어봐야 해:
그 꽃들은 진짜인가? 만약

페르세포네가 "돌아온다면" 두 가지
이유 중 하나일 것이다:

그녀가 죽지 않았든지 혹은
허구를 뒷받침하기 위해
그녀가 이용되고 있든지—

내가 죽었던 것을 나
기억할 수 있을 것 같아요. 겨울에, 몇 번이나,
나는 제우스에게 다가갔어요. 말해 주세요, 그에게 묻곤 했어요,
내가 어떻게 이 대지를 견딜 수 있을까요?

그러면 그는 대답하곤 했어요,
금세 여기로 다시 오게 될 거야.
그리고 그러는 사이

모든 걸 잊게 될 거야:
그 얼음 벌판은
엘리시움의 초원이 될 거야.

참조

〈풍경〉은 키스 먼리를 위해, 〈오래된 파편〉은 데이나 레빈을 위해

〈개똥지빠귀〉는 노아 맥스 호비츠와 수전 킴멜만을 생각하며 쓴 시다.

아베르노

초판 1쇄 인쇄일 2022년 10월 24일
초판 1쇄 발행일 2022년 11월 7일

지은이 루이즈 글릭
옮긴이 정은귀

발행인 윤호권
사업총괄 정유한

편집 구민준 **디자인** 박지은(표지) 김지연(본문) **마케팅** 정재영 명인수 윤아림 김솔희 이아연
발행처 ㈜시공사 **주소** 서울시 성동구 상원1길 22, 6-8층(우편번호 04779)
대표전화 02-3486-6877 **팩스(주문)** 02-585-1755
홈페이지 www.sigongsa.com / www.sigongjunior.com

글 ⓒ루이즈 글릭, 2022

ISBN 979-11-6925-274-4 03840

*시공사는 시공간을 넘는 무한한 콘텐츠 세상을 만듭니다.
*시공사는 더 나은 내일을 함께 만들 여러분의 소중한 의견을 기다립니다.
*잘못 만들어진 책은 구입하신 곳에서 바꾸어 드립니다.

아베르노

A v e r n o

아베르노

작품 해설 여러 생애를 겹쳐 살기_김소연

옮긴이의 말 되살아 견디는 목소리의 힘_정은귀

시공사

여러 생애를 겹쳐 살기

김소연(시인)

나는 《아베르노》를 루이즈 글릭이 시로 쓴 '삶'으로 읽었다. '삶'이라고 표현은 했지만, 그녀의 경험담들로 한정해서는 안 되는 '삶'이다. 그녀는 자신의 경험을 '되기억'하는 것을 소명으로 여겨 온 시인으로 보인다. 기억을 재정의하기 위하여 시를 쓰게 된 시인으로 다가온다. 재정의를 이루는 가운데에 해체를 수행하고, 해체하는 가운데에 새로운 세계를 구축한다. 이 의식을 혹독하디 혹독하게 치른다.

《아베르노》에서 루이즈 글릭의 목적은 살아서 죽음을 증언하는 것이 아니었을까. 죽은 것처럼 사는 삶이 아니라, 죽음을 노려보며 살아가는 삶이 아니라, 죽음에 매혹된 삶 또한 아니라, 죽음이 여러 번 다녀갈 수밖에 없는 삶. 여러 번 죽음으로써, 살아 있다는 베일을 비로소 벗기고 살고 있다는 꿈에서 마침내 깨어나게 된다는 것. 루이즈 글릭의 시는 베일 없는 세계를 산다. 꿈에서 깨어난 꿈으로부터 다시금 깨어나면서. 자연만이 그렇게 해 온 것을 그녀는 시로서 그렇게 한다. 그녀의 시는 거의 자연이다. 여러 생애를 겹쳐 산다. 허물을 벗어 두듯, 기억에서 빠져나가 두려움 없이 되살아나고 계속해서 존재한다. 그렇기 때문에 그 삶은 유한할 리 없는 존재가 되어간다.

나는 그녀에게 질문해보고 싶다.

"신과의 경기장에서 당신 차례가 온다면 / 당신은 무엇을 할 것인가?"(〈페르세포네 그 방랑자〉 부분)

나는 그녀가 "신과의 경기장"에서 "자신의 차례"를 얼마나 집요하게 기다려 왔는지 짐작해 본다. 그녀는 그날의 일을 미리 시에 적고 있는 것인지도 모른다.

과거를 횡단하여 미래를 당겨 와서 부르는 노래는 영원한 현재성을 지니게 된다는 것을 루이즈 글릭을 통하여 나는 실감했다. 되돌아와서 되살아 냄으로써, 훼손된 것들이 되돌려진다. 완전한 애도가 완성된다. 죽음이 비통한 것이 아니라 죽음에 대한 인간의 몰이해가 비통한 것이다.《아베르노》가 비통한 채로 황홀하게 와닿는 것은 이 때문이리라.

_____

되살아 견디는 목소리의 힘
: 어디에 있니? 어디로 가니?

정은귀

죽음을 기억하는 일

2006년 시인 글릭의 열 번째 시집으로 출간된 《아베르노》는 2020년 10월 스웨덴 한림원이 루이즈 글릭을 노벨문학상을 받을 작가로 호명했을 때 특별히 언급한 시집이다. '아베르노'는 라틴어로 '지옥'을 뜻한다. 이탈리아 나폴리 서쪽의 호수 이름으로 옛 로마인들은 여기에 지하 세계의 입구가 있다고 믿었다. 총 열여덟 편의 시가 수록돼 있는 이 시집은 하데스에게 붙잡혀 간 페르세포네의 신화가 큰 부분을 차지한다.

그리스 신화를 차용한 방식에선 이전 시집들 가령 《목초지》(Medowlands, 1996)와 《새로운 생》(Vita Nova, 1999)《일곱 시절들》(The Seven Ages, 2001)에 연결되는 이 시집은 인간 본성에 깃든 욕망과 상실, 트라우마의 문제를 현재적 목소리로 바꾸어 전달한다. 절제된 형식미를 내세워 이 지상의 목숨과 신의 존재, 몸을 지니고 태어나는 생명들의 존재 조건에 대한 영성적인 질문을 하는 점에서는 《야생 붓꽃》(The Wild Iris, 1992)과도 연결된다.

《아베르노》는 '떠남'에 관한 이야기다. 떠났다가 돌아오는 이야기다. 한 번이 아니라 여러 번, 상실과 죽음을 딛고 다시 돌아오고 돌아오는 이야기다. 시인은 페르세포네 신화의 틀을 차용하지만 시집에서 떠나는 자는 그 옛날의 페르세포네라기보다는 현대의 무수한 어린 소녀들, 그 페르세포네'들'이다. 그 되돌아오는 반복, 여러 겹의 생을 사는 작업을 통해 시인은 지금 시절을 살다 가는 우리가 직면하는 죽음의 문제를 탐색한다. 죽음의 위험을 알면서 그를 무릅쓰고 먼 길, 새로운 길을 떠나야 했던 젊음의 욕망을 응시한다. 그런 자식을 품에서 떠나보내야 했던 엄마들의 기다림과 아비의 안

타까움을 본다. 다시 돌아와 삶과 죽음의 경계에 서게 되는 노년의 사유를 면밀히 응시한다. 이런 인간의 필멸과 그 무수한 쓰라린 아픔을 감정의 넘침 없이 차갑게 바라보는 대지의 시선을 포착한다.

떠남은 기본적으로 기원을 상정한다. 우리는 어디에서 떠나서 어디로 돌아오는가? 어머니의 품을 떠나서 하데스에게 붙잡혀 가는 〈페르세포네 그 방랑자〉는 순수의 시절을 지나 순수를 떠나 경험과 타락과 상실의 시절로 진입한다. 그런데 그 순수와 경험은 좋은 것에서 나쁜 것으로 나아가는 일직선의 선이 아니라 좋고도 나쁜 이중 리듬으로 작동한다. 어떻게 그렇게 되는지는, 시집 전체를 보고서야 가능한 일, 먼저 떠남과, 떠났다가 돌아오는 이야기란 무엇을 의미하는지 짚어 보자.

이 질문은 이렇게 바꾸어 볼 수 있다. 당신은 죽음을 기억할 수 있는가? 살아 있는 사람이 근사 체험을 하는 것이 아니고서야 어떻게 죽음을 기억하는가? 그런데 시인 루이즈 글릭은 끈질기게 죽음을 기억하는 일에 매달린다. "내가 죽었던 것을 나 / 기억할 수 있을 것 같아요"(〈페르세포네 그 방랑자〉)라고 말하는 페르세포네는 시인 글릭의 또 다른 자아다. "내가 어떻게 이 대지를 견딜 수 있을까요?" 페르세포네가 제우스에게 한 말은 시인이 시를 쓰는 일과 흡사하다. 글릭에게 있어 견디는 목소리의 힘은 무엇일까? 우리 독자들은 거기서 무얼 듣게 될까?

시집은 총 2부로 나뉘는데, 1부에 들어가기 전 표제 시 〈야간 이주〉는 살아 있는 이들의 경험과 죽은 이들의 다른 경험을 이야기한다. 마가목 붉은 열매를 바라보는 순간에 새들은 야간 이주를 하는데, 시의 화자는 이런 풍경들을 죽은 이들은 다시는 못 볼 거라 생각하면서 슬퍼짐을 고백한다. 그런데 돌이켜 생각하면 이런 생각마

저도 산 자의 것이다. 살아 있는 이들이 누리는 위안이나 즐거움이 죽은 영혼들에게는 필요하지 않을지도 모르니까 말이다.

첫 시의 화자가 쓸쓸히 던지는 혼잣말, "존재하지 않는 것, 그것만으로도 그저 충분한 듯"이라는 구절은 어떤 점에서는 시집 《아베르노》 전체를 관통하는 죽음의 감각을 대변한다. 시 〈아베르노〉에는 죽음을 기다리는 노인이 화자로 등장한다. '의자'라는 말을 더는 기억하지 못하는 화자. 의식이 점점 둔감해지는 그는 죽음이라는 필멸의 과정을 선연한 육체의 감각으로 재현한다.

몸에서 정신이 떠나는 과정은 혼자가 되는 끔찍한 과정을 동반한다. 잊어버린 낱말은 하나의 세계가 사라지는 것. "내가 허물어지는 걸 지켜보는 일"이 얼마나 괴로운지 아는 시의 화자는 둔감해지는 의식 속에서 유언장을 작성하면서도 공포 속에서 살아가는 사람들을 지켜보고 또 그린다.

그의 시선은 길을 떠나는 어린 소녀들과, 자신의 자녀들과 "기억의 저장고가 없는" 자연과 텅 빈 벌판을 응시한다. 〈아베르노〉의 화자는 애도하는 법을 모르는 대지의 변화를 바라본다. 자기가 떠나도 이 세계는 계속 나아간다는 사실을 안다. 그 자각에 이르는 길을 시인은 지하 세계의 입구를 뜻하는 아베르노 호수에 기대어 말한다.

자녀들은 아비의 죽음 이후 세금을 걱정하고, 죽어 가는 아비가 남기는 말을 귀담아듣지 않는다. 알던 단어와 알던 세계를 잊어 가는 사람은 이미 세상에서 살아가는 날이 천형이 되어 버리고 말았다. 노인의 독백은, 존재하지 않는 것만으로도 충분하다는 걸 간파한 첫 시의 화자와 겹쳐지면서 하데스에게 잡혀간 어린 페르세포네의 떠남보다도 더 짙은 불안과 고립을 선사한다. 그럼에도 그 고립이나 불안이 슬프지도 아프지도 않다는 것, 지하 세계의 입구, 아베르노에 시인은 우리 각자를 그렇게 미리 초청한다.

시집은 처음부터 지하 세계로 들어가는 문, '아베르노'가 엄청난 불운이나 슬픔, 불행이 아니라 어쩌면 다른 가능성을 여는 출입구일지 모른다는 걸 암시한다. 아베르노로 진입하는 일은 곧 죽음의 세계로 끌려 들어가는 일인데, 그게 엄청난 슬픔이 아니라면 하나의 축복이 될 수 있는가? 많은 평자들이 《아베르노》를 죽음과 파멸을 응시하는 고립된 자아의 눈으로 바라보지만, 이 시집은 죽음과 상실의 문제를 응시할 때에도 '그 너머'를 보게 한다.

하데스에게 끌려간 페르세포네 방랑자에게 새로운 목소리를 부여한 것도 그런 이중적인 해석을 가능하게 하는 장치다. 시인이 재해석하는 옛 신화의 세계는 욕망과 상실, 트라우마, 순수와 경험, 죽음과 재생에 대해 익숙한 해석의 틀에 기대지 않고 죽음이 죽음이 아니라, 훼손이 훼손이 아니라, 상실이 상실이 아니라, 결국 되살아 견디는 목소리가 된다는 걸 말해 준다.

《아베르노》는 죽음과도 같은 상실을 견디는 목소리들의 세계다. 시인은 우리에게 그 안에 깃든 삶과 죽음의 이중 리듬을 잘 느껴 보라고 초대한다.

훼손된 존재에 바치는 완벽한 애도

글릭 시의 화자는 적극적이고 능동적으로 행하는 자가 아니라 대개는 보고 듣고 기다리고 인내하는 자다. 《아베르노》에서도 그런 점이 두드러진다. 1부를 들어가며 만나는 시 〈시월〉은 몸의 감각과 대지의 감각을 적확하게 겹쳐 서술하는 시다. 풍요로운 계절 여름이 지난 가을 들판. 여름 햇살의 맹렬함은 생명을 주는 가장 강인한 힘이지만 동시에 난폭하기도 하다. 그 여름 끝 가을 들판, 시월의 벌거벗은 벌판에서 나의 몸은 열기가 식으면서 차가워진다.

시험당하는 느낌으로 몸은 벌거벗고 내 마음만 남은 여름 이후의 시간을 시인은 "난폭함 이후의 아늑함"으로 이야기한다. 이 시간은 맹렬한 열망이 서로에게 상처가 되기도 한다는 걸 자각하는 시간. 실컷 두드려 맞은 폭력 이후에 아늑함이 온다는 서글픈 사랑의 방식을 동시에 짚고 있는 이 서늘한 구절은 인간화된 세상의 아픈 관계들과 자연의 세계를 놀랍도록 선명한 시선으로 포갠다.

"이것이 미래라고 말해 줘. / 나는 당신을 믿지 않을 거야. / 나 살아 가고 있다고 말해 줘. / 나는 당신을 믿지 않을 거야."에서 화자는 당신에게 여전히 어떤 구원을 기대하면서도 완벽한 믿음보다는 불신을 통해 이 삶이 마련한 불안의 그림자를 응시한다. 구원은 때로 구원이라 믿는 자에게 가장 처절하게 배신되고 내쳐지는 것 아닌가.

"죽음은 나를 해칠 수 없어 / 내 사랑하는 삶, / 네가 나를 해친 것 이상으로는"에 이르면 독자는 도저한 부정성의 언어로 삶과 죽음을 동시에 껴안는 다부진 목소리를 만난다. 나는 이 구절 하나로 글릭이《아베르노》에서 전하는 위무의 감각을 완성했다고 본다.

어떤 눈물도 어떤 감정의 파고 없이 도달하는 애도. 모든 상처, 모든 상실, 모든 훼손, 모든 생, 모든 죽음, 모든 망실과 망각, 그 모든 인간 조건에 바치는 완전한 애도가 여기서 완성된다. 폐허가 된 세상에서 한 사람 한 사람 살아 있는 인간으로 겪어야 했던 욕망의 부침과 상실과 트라우마와 집단 학살의 기억까지, 이 대목은 그 먼 신화의 세계에서 지금에까지 이 땅을 살다 간 인간들, 훼손되고 잘려진 존재 각각에 바치는 글릭의 다부진 애도의 헌사다.

다른 한편, 그 유명한 페르세포네 신화를 차용하는 《아베르노》는 욕망과 폭력과 상실의 서사다. 페르세포네와 하데스의 이야기는 순결과 욕망에 관한 한 변치 않는 가장 익숙한 소재다. 그런데 글릭은 그 과거의 신화를 현대의 삶 속에서 새롭게 해석한다. 〈페르세포네 그 방랑자〉 〈순수의 신화〉와 〈헌신의 신화〉를 통해 글릭은 페르세포네가 하데스에게 납치된 비극을 끔찍한 비극이 아닌 여성의 삶에 드리운 필연적이고도 드라마틱한 사건으로 재해석한다.

페르세포네의 납치는 대지의 여신 데메테르, 그 엄마에게는 삶이 끝나는, 애간장이 녹는 비극이다. 도저히 용서할 수도 받아들일 수도 없기에 대지의 여신의 분노로 온 땅이 메말라 버린다. 시집 곳곳에 황폐하게 버려진 벌판과 불에 탄 대지의 이미지가 자주 나오는 것은 딸을 잃은 대지의 여신 데메테르의 분노를 보여 준다. 시집 앞쪽에 배치된 시 〈시월〉을 통해서 겨울로 향해 가는 가을을 배경으로 하는 것 또한 아베르노라는 장소성에 그 시간성을 부여하는 것이다.

그런데 글릭은 페르세포네에게 조금 더 적극적인 목소리를 부여하고, 나아가 이상화된 '모녀' 관계의 신화까지 전도한다. 즉, 엄마와 딸 사이에 도사린 긴장과 불안까지도 예리하게 포착하는 것이다.

〈순수의 신화〉에서 들판에 나가 물웅덩이에 자신을 비춰 보는 페르세포네는 "끔찍한 딸다움의 꺼풀인" 엄마가 입혀 준 그 순결의 옷을 벗어던지고 싶은 존재로 그려진다. "*나는 납치되었어*," "*나는 납치되지 않았어, … 내가 나를 바친 거야, 나는 / 내 몸을 벗어나고 싶었어*" 특별히 강조되어 들려오는 이 목소리는 바로 뒤이어 "무지는 / 상상되는 어떤 것을 의도한다, 존재한다고 믿는 것을"이란 말로 이 욕망이 불러올 화까지도 함께 껴안는다. "*죽음, 남편, 신, 이방*

인" 어쩌면 이 낯선 명사들은 순진한 소녀 페르세포네가 하데스에게 납치된 후, 여자로 살아가는 그 삶의 모든 복잡한 무늬들을 단순하게 보여 준다.

〈순수의 신화〉에 이어서 페르세포네의 사랑과 욕망의 문제를 한층 더 선명하게 보여 주는 시 〈헌신의 신화〉 또한 우리가 알고 있는 페르세포네 신화의 이야기를 전복한다.

> 모두들 밤에는 사랑하는 이의 몸을,
> 나침반을, 북극성을 느끼고 싶어 하지 않는가,
> *나 살아 있어요,* 라고 말하는 그 조용한 숨소리를
> 듣고 싶어 하지 않는가, 그건 말이지,
> 당신이 살아 있다는 뜻, 당신이 내 숨소리 듣고 있으니,
> 당신이 여기 나와 함께 있다는 뜻. 그렇게 한 쪽이
> 돌아누우면, 다른 쪽이 돌아눕고—
>
> 〈헌신의 신화〉 부분

하데스가 페르세포네를 위해 만든 세상의 복사판. 그 무서운 어둠의 제왕이 이 시에서는 아름다운 사랑의 사도로 그려진다. 죄의식이나 공포, 사랑에 대한 두려움 없이 꿈을 꾸는 하데스, 그의 새로운 지옥. 하데스가 페르세포네를 두 팔로 안고 "사랑하오, 아무것도 당신을 해칠 수 없소, 라고 말하고 싶다"는 대목에 이르면 가장 아름다운 사랑이 완성되는 듯하지만, 바로 이어서 우리는 안다. 그 사랑은 이미 죽음 안에서만 가능한 사랑이었음을.

"*당신은 죽었소, 아무것도 당신을 해칠 수 없소*" 여기에 이르면, 우리는 앞서 글릭이 이 세상을 살다 간 역사 속의 모든 존재에 바치

는 완전한 애도의 목소리를 다시 한 번 확인한다. 사랑이라든가 헌신이라든가 꿈이라든가 하는 단어들은 실은 상처와 겁탈과 배반과 죽음과 함께 간다는 것, 그 이상도 그 이하도 아닌 것이다. 헌신이라는 이름을 덧씌운 자기기만이 사랑일지도 모른다. 딸을 기다리는 어미의 눈물도, 죽어 가는 아비를 바라보는 자식의 슬픔도, 이 세상을 잇게 만드는 모든 사랑의 말들도 모두 죽음 안에서, 죽음을 알 때 비로소 자유롭다. 그 서늘한 통찰이야말로 이 세계의 진실을 응시하는 시인 글릭의 깊이를 보여 준다.

시집 마지막에 글릭은 〈페르세포네 그 방랑자〉라는 같은 제목의 다른 시를 배치한다. 이 세계에서 딸을 잃은 어미, 데메테르의 슬픔을 우리 모두는 안다. 모든 어머니에게는 어머니의 암호가 있다. 어머니의 경험, 어머니의 암호, 지울 수 없는 그 사랑의 흔적. 늘 기다리는 어머니. "딸이 죽은 후 비탄에 잠겨, / 이 세상을 헤매 다닌다"는 어머니. 그러나 동시에 딸의 탄생, 딸의 아름다움은 견딜 수 없는 것. 지극한 애정과 지극한 비탄은 삶의 환희가 공포가 함께 가듯이 함께이다. 어머니의 몸 또한 안전한 곳은 아니기 때문이다.

시의 마지막에 겨울이 끝날 것이고 봄이 돌아올 것이 예감된다. 하지만 죽은 자들이 돌아오는 봄은, "허위에 기반한 꿈"이라고, 시인은 다시 한 번 냉정하게 못박는다. 시의 마지막 목소리, "내가 어떻게 이 대지를 견딜 수 있을까요?"라는 애타는 질문은 페르세포네의 목소리이기도 하고 데메테르의 목소리이기도 하고 글릭 자신의 목소리이기도 하다.

제우스의 입을 빌어 시인은 말한다. 모든 것을 잊고 얼음 벌판이 엘리시움의 초원이 될 때, 넌 금방 다시 돌아오게 될 거라고. 그 돌아오는 행위가 바로 아베르노, 아베르누스를 찾아가는 과정이고 다시 떠남과 돌아옴은 하나의 커다란 순환으로 맞물려 만난다.

시집을 덮을 때 우리는 알게 된다. 연둣빛으로 부풀어 오르는 봄, 하나둘씩 깨어나는 이 봄의 대지, 이 세상은 그렇다면 죽은 자들의 귀환이 아닌가, 모든 것을 잊은 자들의 화려한 귀환이 아닌가, 이 봄의 들판은 정말이지 엘리시움의 초원이 아닌가, 하고 말이다. 다시 한 번 애도는 엘리시움의 초원에서 완성된다.

길은 길로 이어지고

《아베르노》에서 페르세포네 신화가 가장 선명한 이야기 구조로 등장하지만 소재나 형식면에서 통일성을 갖추고 있지는 않다. 신화의 흔적이 전혀 느껴지지 않는 지극히 일상적인 다른 층위의 이야기들이 현재와 과거가 뒤섞인 채 등장하기도 하고, 소품처럼 짧은 시들이 긴 연작시 중간 중간에 끼어 있어서 읽는 호흡에 변화를 준다.

가령 〈에코들〉의 화자는 불면증을 앓으며 말을 잃은 소녀인데, 죽음과 자신의 영혼을 시시때때로 상상하는 소녀가 예술가로 자라는 과정을 이야기한다.

예술가가 되는 일은 무엇일까? 그것은 에코를 닮아 가는 길이다. 예술가가 되는 일은 어떤 느낌들에 목소리를 주는 일인데, 그 목소리는 다른 사람이 한 마지막 말을 되받아 하는 작업이기 때문이다.

글릭은 이 짧은 시에서도 다른 시에서 빈번히 제기되는 질문들, 영혼과 죽음, 말의 관계에 대한 질문을 계속 던진다. 이 주제는 다음 시 〈푸가〉에서도 이어진다.

한편 〈프리즘〉에서는 이전의 다른 시집들에서 지속적으로 탐색

되던 결혼 생활과 가족 관계에 대한 자전적인 이야기가 시의 재료로 적극 동원된다. 번개 맞듯이 사랑에 빠지는 일, 엄마와 아빠의 혼인 생활, 여동생과의 추억, 섹스 뒤에 종종 따라오는 이상한 침묵, 여름 별자리, 글쓰기, 작가로서 성장하는 일, 수많은 교차로들, 길의 이야기. 사랑이 무성할 때는 계절도 무성하여 메마른 늦가을이나 겨울이 아니고 여름이다.

여름 밤. 여름 폭풍우 소리.
보이지 않게 움직이고 변화하는 그 거대한 판들—

어두운 방에는, 서로의 품에서 잠든 연인들.

우리는, 우리 각자는, 먼저 깨어나는 사람,
먼저 움찔 움직여, 거기서 첫 새벽에,
그 낯선 이를 보는 사람.

〈프리즘〉 부분

여기서 그려지는 이 사랑의 장면이 페르세포네 신화를 엮은 이야기들과 연결지어도 그다지 이질적으로 느껴지지 않는 것은, 이 연인이 품은 사랑의 장면이 죽음의 신, 하데스가 꿈꾸던 사랑과 본질적으로는 크게 다르지 않기 때문이다. 자신이 납치해 온 페르세포네가 공포에 질릴 것을 전혀 예상하지 못하는 아둔하고 무정한 하데스의 사랑도 어느 층위에는 이런 다정함과 이런 애틋함이 공존하는 것이다.

난폭한 폭력 이후의 아늑함 같은 것(〈시월〉). 사랑은, 사랑의 본

질은 이처럼 복잡하고 다층적이고 켜켜이 문제적인 것, 그러나 어느 순간에도 포기할 수 없는 움직임. 보이지 않게 변화하고 움직이는 여름 폭풍우 같은 판들. 어두운 방에서 서로의 품에서 잠드는 일. 먼저 깨어 움찔 움직이는 이가 먼저 낯섦을 마주하는 일. 그러니 사랑은 아늑하고 두렵고 불안하고 알 수 없는 일. 그러니 균열. 그 위태위태한 사랑이라는 일.

이질적으로 보이는 시집 《아베르노》의 차이들을 하나의 풍경 위에 나란히 배열하고 생각해 보면, 이 모든 것은 바로 죽음을 넘어서는, 몇 겹의 죽음을 돌고 돌아 귀환하는 사랑의 이야기이고, 이 사랑의 이야기가 구불구불 전해지는 다양한 길들이 이 시집의 구조임을 알 수 있다.

길이 길로 이어지는 일, 떠나는 일, 돌아오는 일. 먼 과거에서 현재까지 이어져 오는 어떤 사랑의 신화, 헌신의 신화, 또 우리가 살아가는 삶 속에서 경험되는 시간 속에서 우리를 헷갈리게 만드는 너무 많은 꿈과 가설들 같은 그런 길들. 그 길에서 얼핏얼핏 균열처럼, 번개처럼 얼핏 그려지는 연인들의 사랑의 장면들은 너무 아름답고, 너무 사실적이고, 너무 애틋하다.

우리는 모두 길 위에 선 사람들

《아베르노》를 번역하면서 내내 한 소설가와 한 시인을 떠올렸다.

공교롭게도 한 명은 미국의 작가들 중 노벨문학상 후보로 꾸준히 거론되고 있는 조이스 캐롤 오츠(Joyce Carol Oates, 1938~)이고, 다른 한 명은 글릭에 앞서 시로 노벨문학상을 탄 밥 딜런(Bob Dylan,

1941~)이다.

오츠가 1966년에 발표한 단편소설 중에 〈너 어디로 가고 있니, 너 어디 있었니〉(Where Are You Going, Where Have You Been)가 있는데, 이 소설을 오츠는 밥 딜런의 노래 가사에서 영감을 얻었기에 그에게 이 작품을 헌사한다.

글릭이 현대적으로 재해석한 페르세포네 신화는 바로 오츠의 작품이 그리는 길 위의 삶과 묘하게 통하는 점이 있다. 〈아베르노〉에서 길을 떠나는 소녀들, "기차 창문에 입김을 호호 불어 이름을 쓰는" 소녀들이 바로 오츠의 소설 속에서 집을 떠나는 주인공 소녀 코니와 닮아 있다. 우리는 모두 떠나야 하는 존재다. 어느 누구도 나를 탄생하게 한 안전한 집에 머물 수 없다. 언젠가는 이 몸에서도 이 영혼에서도 떠나게 될 것이다. 단어를 잊어버리고 치매에 걸리고 영을 잃어버리면서 우리는 우리의 익숙함을 벗고 낯선 존재로 망각과 죽음의 세계에 진입하게 될 것이다.

사랑의 행위도 마찬가지다. 모든 결합은 나의 소멸을 어느 정도는 품고 가는 과정이다. 모든 길, 모든 출발, 모든 새로운 가능성, 모든 만남은 자신의 죽음을 예비하는 위험을 품고 있다. 몸과 영혼을 잃어 가는 늙음과 죽음의 문제는 말할 것도 없다. 관계 안에서 보살핌과 사랑과 헌신의 이름에 내포된 폭력을 예민하게 읽어 내는 시인 글릭은 이 시집에서 그 다양한 생체험을 통해 죽음 너머를 경험하면서, 어떤 상실의 트라우마도 견디면서 죽음 너머를 응시하는 목소리를 찾고 또 들려준다.

후기 시집들의 이야기 시의 특징도 미리 예비하고 앞선 시집들의 서정성도 간직하면서 신화적 세계의 보편성과 다채로움을 잘 살린 《아베르노》. 이 시집을 통해 시인 글릭이 인간 영혼의 가장 깊은 어둠, 또 그 영혼이 발하는 가장 드높은 빛, 그 두 상반된 빛과 그림자를 하나의 풍경 속에서 보게 하는 시인이라는 걸 다시 한 번 실감한다.

되살아 견딤으로써 온갖 훼손된 세월과 존재들에게 바치는 애도를 완성하는 시인의 문장은 또박또박 받아쓰기를 하듯 견고하고 엄격하다. 잊지 않으려 하나하나 새겨 나가는 시의 목소리다. 지나친 장식이나 절절한 감정의 토로 없이 단단하고 절제된 비애를 전하는 시인의 목소리를 우리말로 옮기면서 그 견고함을 잊지 않으려 노력했다.